ÉTUDE

SUR LA CLASSIFICATION

DES

SYPHILIDES

PAR

Le Dr Michel SCHWEICH

INTERNE EN MÉDECINE DES HÔPITAUX DE PARIS,
MEMBRE DE LA SOCIÉTÉ ANATOMIQUE

PARIS
ADRIEN DELAHAYE, LIBRAIRE-EDITEUR
PLACE DE L'ÉCOLE-DE-MÉDECINE

1869

ÉTUDE

SUR LA CLASSIFICATION

DES

SYPHILIDES

ÉTUDE

SUR LA CLASSIFICATION

DES

SYPHILIDES

PAR

Le Dr Michel SCHWEICH

INTERNE EN MÉDECINE DES HÔPITAUX DE PARIS,
MEMBRE DE LA SOCIÉTÉ ANATOMIQUE

PARIS
ADRIEN DELAHAYE, LIBRAIRE-EDITEUR
PLACE DE L'ÉCOLE-DE-MÉDECINE

1869

ÉTUDE

SUR LA CLASSIFICATION

DES SYPHILIDES

Parmi les affections de la peau que l'on rencontre le plus souvent à l'hôpital Saint-Louis, il faut placer au premier rang les affections syphilitiques de la peau, ou syphilides. Ces affections se présentent ordinairement à l'œil du clinicien avec un ensemble de caractères communs qui en font une famille des plus naturelles parmi celles de la pathologie dermatologique. Malgré ces caractères communs, les syphilides présentent entre elles des caractères différentiels assez tranchés pour justifier les nombreuses variétés admises par les auteurs. Le but de ce travail est de rechercher s'il n'est pas possible de simplifier beaucoup une classification si complexe, afin d'en rendre l'étude plus facile. Avant d'entrer en matière, il est nécessaire d'étudier les différentes classifications des syphilides, depuis le jour où l'on a commencé à les reconnaître.

Des différentes classifications des syphilides.

Il est inutile de remonter bien haut dans l'histoire de la médecine pour trouver l'époque à laquelle on a commencé à s'occuper sérieusement de l'étude des affections syphilitiques de la peau. Sans doute les syphilides ont existé de tout temps, et même, comme elles n'étaient pas soumises à un traitement rationnel, elles devaient présenter une gravité d'allure à laquelle nous ne sommes plus habitués. Mais au moyen âge on confondait, sous le nom de lèpre, toutes les affections sérieuses de la peau; sans remonter si haut, Alibert, dans sa monographie des dermatoses, donne pour syphilitiques, sous le nom de *frambœsia* ou *pian*, des observations parmi lesquelles il y a évidemment des cas que l'on doit rattacher à la syphilis, mais parmi lesquelles aussi on trouve des observations d'affections qu'il faut regarder comme des cas de lèpre. De plus, dans ses dermatoses scrofuleuses, Alibert insiste sur la guérison de quelques-unes d'entre elles par les préparations mercurielles, et il en profite pour regarder la scrofule comme le produit de la syphilide des parents.

Après la grande épidémie qui suivit la découverte de l'Amérique, Gaspard Torella, en 1498, décrit des taches syphilitiques, des croûtes remarquables par leur grosseur et leur couleur cendrée; il ajoute que les éruptions sèches et non suppurantes sont très-communes et divise les affections syphilitiques de la peau en sèches et en humides.

Antoine Beniveni (1502) admet cinq espèces de pustules syphilitiques, d'après leur grandeur et la profondeur des ulcérations.

Jean de Vigo (1514) décrit des pustules de différentes formes et couleurs, telles que : « livides, noires, jaunes, blanchâtres, douloureuses ou indolentes, dures à leur circonférence. » Il dit aussi qu'elles peuvent se trouver sur tout le corps, mais principalement aux bras, aux épaules, aux genoux et au front en forme de chapelet. Il signale aussi des phénomènes prodromiques et des douleurs des jointures et de la tête plus prononcées la nuit que le jour, ainsi que la fièvre qui se développe dans les cas où tout le corps est couvert de pustules ulcéreuses.

N. Massa, dans le *de Morbo gallico*, en 1532, parle de pustules siégeant au front, présentant une mauvaise couleur, *malo colore;* il signale aussi certaines pustules siégeant à la commissure des lèvres. Il a remarqué la fièvre et les douleurs prodromiques et leur sédation après l'éruption. Massa est certainement un des auteurs les plus exacts du moyen âge et même des premières années de notre siècle.

Fracastor (1539-1554) et Grumbeck n'ont décrit rien de plus précis relativement aux affections syphilitiques de la peau. Antoine Gallus admet plusieurs affections syphilitiques de la peau, suivant qu'elles étaient planes ou saillantes.

Jean Menardi indique la forme serpigineuse dans certaines ulcérations. Paracelse admet des pustules de toutes les formes et de toutes les couleurs. Fallope (1601) a le mérite de comparer la couleur des éruptions syphilitiques avec celle de la chair de jambon, comparaison presque toujours plus heureuse que celle devenue classique avec la rougeur du cuivre.

En 1552, la syphilide squameuse de la paume des mains et de la plante des pieds est décrite par

Thierry de Hery (1). Nicolas de Blegny signale la forme ronde et la couleur rouge-orange des pustules véroliques ; il pense que, dans les léproseries, il se trouvait nombre d'individus atteints de syphilis (2). Astruc décrit l'affection appelée par lui *corona veneris*, et la syphilide cornée (3). Nisbett crée l'expression de rouge cuivrée (4).

Tous ces auteurs n'ont qu'une seule expression pour désigner les affections syphilitiques cutanées, celle de pustule. Pour eux, le mot pustule n'entraîne pas comme pour nous l'idée d'un soulèvement de l'épiderme par une petite collection purulente. Papules, vésicules, pustules, tubercules, etc., pour eux tout est pustule.

Les auteurs du XVIIe et du XVIIIe siècle ont peu ajouté à l'étude des affections syphilitiques de la peau; ils ont copié ce qu'avaient écrit leurs devanciers. Il faut arriver à la fin du XVIIIe siècle, et au commencement du XIXe, pour enfin trouver une étude un peu approfondie de ces affections. L'esprit d'analyse et d'observation a fait de notables progrès ; mais, n'ayant pas encore une véritable méthode de classification, les auteurs de cette période se bornent à étudier très-consciencieusement les manifestations cu-

(1) Thierry de Hery, La Méthode curatoire de la maladie vénérienne vulgairement appelée grosse vérole ; Paris, 1552. In-8°.

(2) N. de Blegny, L'Art de guérir les maladies vénériennes ; Lyon, 1692.

(3) Astruc, De Morbis venereis, trad. par Antoine Louis ; Paris, 1777. 4 vol. in-12.

(4) Nisbett, First lines of the theory and prà-tice in venereal disease, 1787. In-8°, trad. par Petit-Radel, 1810.

tanées de la syphilis. Le diagnostic devient plus certain, mais aussi les variétés sont très-nombreuses, car ils poussent très-loin l'analyse des caractères différentiels tirés de l'aspect extérieur, des lieux d'élection, et ils ne font aucun effort pour réunir celles de ces variétés qui ont entre elles des caractères communs d'une certaine importance.

Plenck, en 1783, divise les éruptions syphilitiques en 10 variétés : « 1° Gutta rosacea, vel maculæ syphi-«liticæ; 2° scabies venerea; 3° herpes syphiliticus; «4° tinea venerea; 5° mentagra venerea; 6° impe-«tigo venerea; 7° verucæ venereæ; 8 condylomata «venerea; 9° aphthæ venereæ; 10° rhagades venereæ.

Trappe, en 1801, publie une dissertation sur les excroissances et les pustules vénériennes (1). Il divise les excroissances en sept espèces et les pustules en huit espèces. Voici quelles sont ses divisions. Les excroissances sont : 1° excroissances sessiles (pustules, tubercules); 2° excroissances pédiculées (choux-fleurs); 3° porreaux ou verrues; 4° rhagades; 5° crêtes; 6° condylomes; 7° pruna ou charbon. Il émet lui-même des doutes sur la nature syphilitique de la plupart de ces excroissances.

Les pustules sont : 1° ortiées, 2° miliaires, 3° vésiculaires (galeuses), 4° lenticulaires, 5° squameuses (dartreuses), 6° merisées, 7° croûteuses, 8° serpigineuses. Du reste, l'ouvrage de Trappe offre peu de précision. Il ne fonde le diagnostic de la nature syphilitique que sur la rougeur cuivrée des éruptions et,

(1) Trappe, Dissertation inaugurale; Paris, an X.

à la fin de son travail, quand il cherche à faire le diagnostic différentiel des éruptions syphilitiques avec les autres affections de la peau, il prouve que ces dernières affections lui étaient peu familières. Il signale aussi en quelques mots le pemphigus des nouveau-nés, sous le nom de phlyctènes syphilitiques des nouveau-nés.

Alibert a le grand mérite de créer le mot de syphilide pour désigner les manifestations cutanées de la syphilis. Cette expression devient désormais classique. Il divise les syphilides en trois grandes familles :

1° Les syphilides pustulantes, 2° les syphilides végétantes, 3° les syphilides ulcérantes. Les syphilides pustulantes sont partagées en douze variétés :

1° Squameuse ;	7° Miliaire ;
2° Crustacée ;	8° Ortiée ;
3° Pemphigoïde ;	9° Serpigineuse ;
4° Lenticulaire ;	10° Scabioïde ;
5° En grappe ;	11° Varioloïde ;
6° Merisée ;	12° Tuberculeuse ;

Les syphilides végétantes comprennent six variétés :

1° Framboisée ;	4° En porreaux ;
2° En choux-fleurs ;	5° En verrues ;
3° En crêtes ;	6° En condylomes.

Les syphilides ulcérantes comprennent trois variétés seulement :

1° Serpigineuse ; 2° en profondeur ; 3° en fente (rhagades).

Cette classification, on le voit, est très-compliquée. Elle s'appuie tantôt sur la nature, tantôt sur la forme de l'élément éruptif et, de plus, sur le mode de groupement des éléments éruptifs. Alibert étudie une gale syphilitique et dans sa classe des syphilides végétantes, il fait entrer des végétations qui, aujourd'hui, ne sont plus regardées comme syphilitiques. De plus, pour cette dernière classe, il multiplie les variétés fondées sur des différences de forme trop peu importantes.

Il faut arriver à Biett pour trouver une classification véritablement méthodique. Ce savant dermatologiste applique à l'étude des syphilides la méthode de Batteman, basée sur la lésion élémentaire. Biett divise les syphilides en six ordres, qui sont :

1° La syphilide exanthématique : roséole et érythème papuleux syphilitiques;

2° La syphilide vésiculeuse : eczéma, varicelle et herpès;

3° La syphilide pustuleuse : acné, impétigo et ecthyma ;

4° La syphilide papuleuse : lichen à petites et à larges papules ;

5° La syphilide squameuse : le psoriasis et la lèpre syphilitiques ;

6° La syphilide tuberculeuse : disséminée, en groupes; tuberculeuse perforante, tuberculo-crustacée, ulcéreuse et tuberculo-crustacée, serpigineuse.

Cette classification a eu le grand mérite de simplifier beaucoup l'étude des syphilides et par suite d'en préciser davantage les caractères communs et différentiels. Néanmoins, cette classification présente de grands désavantages; elle étudie comme un ordre à part les syphilides squameuses qui doivent être regardées comme la terminaison d'autres syphilides, et non comme des syphilides proprement dites. Elle fait entrer les tubercules plats, plaques cutanées de Legendre, parmi les syphilides et enfin elle n'a aucun égard pour l'ordre chronologique de l'évolution des syphilides. Cependant, bien qu'imparfaite, la classification de Biett a rendu un immense service en mettant beaucoup d'ordre et de simplification dans l'étude des syphilides. A partir de ce moment, les auteurs s'écarteront peu de cette classification, entrant ainsi dans une nouvelle voie basée sur la nature de l'élément éruptif.

Cependant, peu de temps après, Cullerier et Rattier, dans l'article *Syphilides* du Dictionnaire en 15, en 1836, rattachent toutes les syphilides à la forme papuleuse, dans laquelle ils comprennent comme sous-genres, la syphilide maculeuse et la syphilide pustuleuse. Il font remarquer que les éruptions peuvent être généralisées ou circonscrites, sans se demander quelles peuvent être les causes de cette différence. Leur classification pour être simple n'est rien moins que claire.

Rayer (1) retombe dans les errements des devanciers de Biett, tout en profitant de ce que cet auteur a fait pour la classification des syphilides pour en multiplier les espèces; associant l'examen de la lésion élé-

(1) Traité théorique et pratique des maladies de la peau, Paris, 1835, 2e édit. ; 3 vol. in-4°.

mentaire avec celui d'autres caractères extérieurs. Il partage les syphilides en douze formes :

1° Exanthème syphilitique;	7° macules ;
2° Bulles;	8° tubercules ;
3° Vésicules;	9° ulcères cutanés consécutifs;
4° Pustules psydraciées ; et phlyzaciées,	10° végétations;
5° Papules;	11° onyxis;
6° Squames ;	12° alopécie.

Il pose comme règle pour le pronostic la gravité des syphilides ulcéreuses.

Baumès (1) adopte à peu de choses près la classification de Biett, et admet sept classes de syphilides : 1° exanthématique ou maculeuse ; 2° papuleuse; 3° squameuse ; 4° pustuleuse; 5° tuberculeuse; 6° vésiculeuse; 7° ulcéreuse.

En 1841, Legendre, pour sa thèse inaugurale, fait paraître un travail digne des plus grands éloges. Elève de Biett, il adopte sa classification; il y joint de grands détails sur les symptômes des syphilides. Il n'admet pas la syphilide squameuse, qu'il considère comme une syphilide papuleuse modifiée par le lieu d'élection. Il identifie le tubercule plat avec la plaque muqueuse. Il cherche à se rendre compte du rang des syphilides quant à l'époque de leur apparition. Voici dans quel ordre il les place : syphilides papuleuse, tuberculeuse plate, pustuleuse, tuberculeuse

(1) Précis théorique et pratique sur les maladies vénériennes. Lyon, 1840; 2 vol. in-8°.

simple ou ulcéreuse, ulcéreuse, ulcéro-serpigineuse. Ne faisant pas de distinction suivant le mode de distribution de l'éruption, il ne peut tirer grand parti de cette étude, que M. Ch. Martins avait déjà entreprise sans plus de succès. Il est vrai que M. Martins (1) fait partir la syphilis de l'existence d'un accident vénérien, tel que chancre, blennorrhagie, bubon, etc. Il en résulte qu'il trouve des syphilides survenues après une blennorrhagie dans un espace de temps qui varie de huit mois à quarante-deux ans, et sur de pareils résultats, il établit des moyennes.

Dans le Dictionnaire de médecine en 30 volumes, en 1844, Cazenave est le premier qui a égard au mode de groupement des syphilides, et qui s'en sert pour les distinguer en primitives et consécutives. Pour lui, l'éruption primitive affectera *souvent* la forme exanthématique, et l'éruption secondaire, la forme en groupes; il ajoute que, plus il y a de temps écoulé depuis que l'accident primitif a existé, plus les syphilides tuberculeuses deviennent fréquentes. Ses divisions sont nombreuses, et se ressentent de la méthode de Batteman. Il ne tire pas grand parti pour sa classification, de la distinction qu'il fait des syphilides primitives et des syphilides secondaires.

Dans les ouvrages ultérieurs à cet article, la distinction chronologique des syphilides paraît complétement oubliée, la classification de Biett reste à peu près seule maîtresse du terrain. Une des choses qui nuisent le plus à la classification chronologique, c'est

(1) Ch. Martins, Mémoire sur les causes générales des syphilides. (Revue médicale, 1838.)

la fameuse division des accidents syphilitiques de M. Ricord en trois périodes. Pour M. Ricord, tous les accidents syphilitiques de la peau sont des accidents secondaires : plaques muqueuses, exanthèmes, lupus, etc., et par conséquent toutes les syphilides seront traitées par les préparations mercurielles, l'iodure de potassium étant réservé pour les accidents tertiaires. Son élève, M. Melchior Robert (1), ne voit qu'un côté original dans la classification chronologique de M. Bazin, dont nous parlons plus loin, et lui adresse le reproche de séparer des affections dont l'élément éruptif est le même. Depuis, M. Ricord est revenu en partie sur sa division des accidents syphilitiques, il admet des accidents de transition, et il reconnaît deux périodes dans l'évolution des syphilides.

M. Devergie (2) divise les syphilides en huit classes, qui sont : les syphilides exanthémateuses, vésiculeuses, bulleuses, papuleuses, pustuleuses, squameuses, chromateuses et tuberculeuses. Dans sa classification la lésion élémentaire domine tout.

Il nous reste maintenant à examiner les classifications de deux célèbres dermatologistes de l'hôpital Saint-Louis, MM. Bazin et Hardy. Ces deux auteurs se sont surtout basés sur l'époque d'apparition des altérations syphilitiques de la peau pour établir leurs divisions. Ces deux classifications ont toutes deux égard à l'examen de la lésion élémentaire, pour établir les sous-divisions.

(1) Melchior Robert. Traité des maladies vénériennes. Paris, 1861; in-8°.

(2) Devergie. Traité des maladies de la peau. Paris, 1854; 1 vol. in-8°.

Notre savant maître, M. Bazin (1), fonde sa classification des syphilides sur différents caractères. Il ne s'est pas contenté de ranger, comme Biett, les syphilides d'après les seuls caractères de la lésion élémentaire ; il les a classées en ayant égard : 1° à la période d'éruption ; 2° à la forme de la lésion élémentaire ; 3° à la répartition de l'éruption sur la surface cutanée ; 4° au mode de groupement, et enfin, en dernier lieu, il considère si les syphilides sont résolutives ou bien ulcéreuses. En un mot, M. Bazin fait pour les syphilides, ce que Jussieu fit pour la classification naturelle des plantes ; il ne considère pas, comme Biett, un seul caractère de l'éruption, mais bien un grand nombre de ses caractères.

M. Bazin rattache les syphilides à deux formes de la syphilis ; il appelle la première, syphilis commune ou régulière ; la seconde, syphilis grave ou irrégulière. Il divise l'évolution des éruptions de la syphilis commune en trois périodes. A la première période, appartiennent les syphilides exanthématiques ou généralisées qui suivent de très-près l'évolution du chancre. Dans la seconde période, il range les syphilides circonscrites ou groupées, résolutives ou non ulcéreuses. Dans la troisième période, sont les syphilides circonscrites ulcéreuses.

Dans la syphilis irrégulière, M. Bazin range des syphilides auxquelles il donne le nom de syphilides malignes précoces. Ces syphilides participent des syphilides exanthématiques par la généralisation de

(1) E. Bazin. Leçons sur la syphilis et les syphilides recueillies par Dubuc. 2e édit. ; 1 vol. in-8°, 1866.

l'éruption et par la précocité de leur apparition, et des syphilides circonscrites par leur caractère ulcératif. M. Bazin aurait pu faire suivre l'étude des syphilides exanthématiques par celle des syphilides malignes précoces, ce qui aurait simplifié de beaucoup sa classification ; il n'aurait considéré alors que deux familles bien naturelles : 1° les syphilides primitives généralisées, résolutives ou ulcéreuses; 2° les syphilides secondaires, circonscrites, résolutives ou ulcéreuses. M. Bazin n'a pas adopté cette manière de voir, parce qu'il enseigne que les syphilides malignes précoces sont des manifestations de la syphilis irrégulière, qu'elles peuvent être engendrées par un chancre mou ou par une blennorrhagie, et qu'enfin, quoique précoces, elles ne peuvent guérir que par un traitement mixte, c'est-à-dire par l'administration des préparations de mercure et de l'iodure de potassium combinés. Voici ce que dit M. Bazin dans sa seconde édition des *Cliniques sur la syphilis* : « La syphilis régulière est celle dans laquelle l'accident primitif, chancre induré ou plaque initiale, escorté de sa pléiade, est suivi, dans un intervalle de temps qui ne dépasse pas six mois, mais qui est habituellement beaucoup plus court, six semaines ou deux mois par exemple, d'éruptions généralisées, telles que roséole, éruptions papuleuses, pustuleuses, etc. »

« Par opposition, la syphilis irrégulière est celle dans laquelle les premières manifestations observées à la suite de l'accident initial, blennorrhagie ou chancre mou, n'apparaissent qu'au bout d'un intervalle considérable, deux ans, trois ans, dix ans, ou même plus, et consistent dès l'abord dans des lésions profondes, circonscrites, telles que syphilides circonscrites et ulcéreuses, lésions osseuses, etc. »

Faut-il admettre, avec M. Bazin, une syphilis irrégulière présentant des caractères plus graves que la syphilis régulière et commune? Sans doute, on rencontre beaucoup de syphilitiques qui nient avoir eu un chancre induré, et qui avouent avoir eu un chancre mou ou une blennorrhagie. Mais ne voit on pas souvent aussi d'autres malades, dont la bonne foi ne peut être mise en doute, nier complétement avoir eu aucun accident antérieur (chancre induré ou mou, blennorrhagie)? Le chancre mou passe rarement inaperçu, la blennorrhagie jamais; en est-il de même du chancre induré? Le chancre induré de la verge, auquel le malade n'a pas fait attention, laisse des traces cicatricielles que méconnaît rarement le médecin. Par contre, le chancre des rapports génitaux irréguliers est le plus souvent difficile à retrouver à cause du peu de bonne foi des malades. En outre, chez les femmes, les chancres du vagin et du col de l'utérus sont très-fréquents et très-difficiles à reconnaître; souvent les malades ne s'en aperçoivent pas un seul instant. Cela est si vrai que, chez ces malades, dans la bonne moitié des cas, les antécédents sont négatifs.

Et, d'un autre côté, ne voit-on pas aussi des individus présentant des syphilides de la syphilis régulière, nier avoir eu un chancre induré et avouer un chancre mou ou une chaude-pisse.

Les syphilides malignes, dit M. Bazin, sont plus rapidement guéries par le sirop de bi-iodure de mercure et d'iodure de potassium que par les préparations mercurielles seules. Cela est vrai, mais nous avons cru voir qu'il en était de même pour d'autres syphilides généralisées, le lichen syphilitique, par exemple. Un dernier argument, et nous pensons qu'il a beaucoup de valeur, c'est que les blennorrhagies et les chancres mous sont bien plus fréquents que les chancres indurés, et cependant les syphilides ulcéreuses sont bien plus rares que les syphilides résolutives. Par conséquent, nous croyons devoir ranger les syphilides malignes précoces de M. Bazin à la suite des syphilides exanthématiques, les syphilides malignes précoces ne différant des premières que par leur gravité et leur caractère ulcératif.

Les quatre ordres de M. Bazin sont divisés d'après les caractères de la lésion élémentaire en différents genres, les genres présentent plusieurs variétés. De plus, M. Bazin admet que les syphilides exanthématiques peuvent être modifiées par un traitement mercuriel antérieur au début de l'éruption. Nous ne pouvons mieux faire que de rapporter fidèlement ici le tableau de M. Bazin sur le classement des syphilides.

A.

Plaques syphilitiques, ou éruptions discoïdes.

(Affections propres.)

a. Plaques nées de la transformation des chancres.
b. — génito-anales.
c. — bucco-pharyngiennes.
d. — faciales.
e. — de l'ombilic, des aisselles, etc.
f. — génito-anales, buccales, palmaires et plantaires.
g. — généralisées.

B.

Syphilides.

(Eruptions communes ou génériques.)

1° Forme régulière de la syphilis.

Syphilides exanthématiques ou généralisées.

A. *Exanthèmes purs.*	B. *Exanthèmes modifiés par le mercure.*
a. Syphilide érythémateuse (roséole).	*a.* Annulaire en groupes.
b. — papulo-tuberculeuse (lichen).	*b.* En groupes, grappes, corymbes, etc.
c. — pustuleuse.	*c.* En groupes, grappes, corymbes, etc.
d. — vésiculeuse.	*d.* En groupes, grappes, corymbes, etc.

DEUXIÈME SECTION.

Syphilides circonscrites résolutives.

a. Syphilide pustulo-crustacée.
b. — tuberculeuse.
c. — papulo-vésiculeuse.

TROISIÈME SECTION.

Syphilides circonscrites ulcéreuses.

a. Syphilide pustulo-ulcéreuse.
b. — tuberculo-ulcéreuse.
c. — gommeuse (hydrosadénite syphilitique).

2° Forme maligne de la syphilis.

a. Syphilide puro-vésiculeuse.
b. — tuberculo-ulcéreuse.
c. — tuberculo-ulcérante gangréneuse.

C.

Syphilides polymorphes.

1° Plaques et syphilides.
2° — et syphilides multiples.
3° — entremêlées de syphilides.
4° — avec satellites (forme irisée de M. Ricord).

D.

Affections développées sous la double influence de la syphilis et d'une cause extérieure.

a. Végétations.
b. Vitiligo-éphélides syphilitiques.

On voit, d'après ce tableau, que M. Bazin range en dehors des syphilides, sous le nom d'*affections propres*, la plaque muqueuse et la plaque cutanée de Legendre, qui sont identiques pour ce dernier auteur. Cette idée a été adoptée et vulgarisée depuis par M. Bazin. Dans les syphilides polymorphes, M. Bazin étudie le mélange des plaques avec les syphilides; c'est une circonstance très fréquente qui complique un peu le diagnostic, mais qui n'est pas assez importante pour que l'on soit obligé de créer une famille à part. Enfin M. Bazin place parmi les affections provoquées par une cause extérieure, les végétations et la syphilide pigmentaire de M. Hardy.

M. Hardy reconnaît le peu de valeur pratique de la classification basée sur les caractères de la lésion élémentaire qui, suffisants lorsque l'on se bornait à trai-

(1) Hardy, Leçons sur la scrofule et les scrofulides, et sur la syphilis et les syphilides, 2e édit.; Paris, 1864. In-8°.

ter toutes les syphilides par les préparations mercurielles, sont devenus insuffisants depuis que l'expérience a enseigné que la guérison d'un certain nombre de syphilides réclamait l'usage de l'iodure de potassium.

M. Hardy admet que la syphilis a une marche régulière, que ses manifestations varient suivant ses périodes et qu'il faut adopter, pour classer les syphilides, la méthode chronologique. Il divise l'évolution des syphilides en trois périodes, qui sont :

1re période : syphilides précoces;
2e période : syphilides intermédiaires;
3e période : syphilides tardives.

Les syphilides précoces arrivent de trois semaines à huit ou dix mois après l'accident primitif. Elles sont superficielles, non ulcéreuses, disséminées, précédées le plus souvent de phénomènes prodromiques, accompagnées de l'engorgement des ganglions. Les syphilides précoces se présentent sous cinq formes : 1° la syphilide exanthématique, 2° la syphilide papuleuse, 3° la syphilide pustuleuse superficielle, 4° la syphilide varioliforme, 5° la syphilide végétante. Ces formes peuvent se mélanger les unes aux autres.

Les syphilides intermédiaires apparaissent de quatre ou six mois à un ou deux ans après l'accident primitif. Elles ne sont pas précédées de phénomènes prodromiques. Elles se mélangent rarement. La dissémination de l'élément éruptif tend à disparaître, le groupe commence à se montrer. La coloration cuivrée est plus marquée que dans les syphilides précoces. Marche lente, poussées successives.

Les syphilides intermédiaires se terminent généralement par résolution. Elles se divisent en cinq formes : 1° la syphilide pigmentaire, 2° la syphilide vésiculeuse, 3° la syphilide pustuleuse, 4° la syphilide squameuse, 5° la syphilide tuberculeuse.

Les syphilides tardives apparaissent de deux à vingt ans après l'accident primitif. Pas de phénomènes prodromiques, marche lente, ulcérations profondes; cicatrices très-marquées. Les syphilides tardives s'accompagnent souvent des phénomènes syphilitiques tertiaires de M. Ricord.

Les syphilides tardives comprennent deux formes, qui sont : 1° la syphilide pustulo-crustacée, 2° la syphilide ulcéreuse.

Les classifications de MM. Bazin et Hardy diffèrent sur certains points particuliers, mais elles sont animées du même esprit. Les syphilides précoces correspondent aux syphilides exanthématiques. Les syphilides intermédiaires comprennent à peu près les syphilides malignes précoces de M. Bazin et ses syphilides circonscrites résolutives. Les syphilides tardives sont à de certaines différences près les syphilides circonscrites ulcéreuses.

Mais M. Bazin n'admet pas les plaques syphilitiques et, par conséquent, les tubercules plats de Legendre comme de véritables syphilides. Il en est de même pour la syphilide pigmentaire. M. Bazin ne reconnaît pas la syphilide vésiculeuse qu'il remplace à peu près par la syphilide papulo-vésiculeuse. Enfin M. Bazin n'admet pas comme syphilide distincte la syphilide squameuse.

Dans ces derniers temps, M. Diday a essayé de classer les accidents de la syphilis suivant leur intensité. Il admet une syphilis faible, une syphilis grave aiguë et une syphilis grave chronique. Ces distinctions, bonnes quant au pronostic, sont des éléments dangereux de classification, car elles exposent à faire ranger dans deux familles différentes une même affection.

Jetons maintenant un rapide coup d'œil sur les différentes classifications que nous venons d'étudier.

On peut les ranger en trois grandes périodes. Dans la première, les syphiliographes se bornant à l'étude des signes extérieurs, n'ont, à proprement parler, aucune méthode de classification. Ils font de la classification énumérative, si je puis m'exprimer ainsi.

Dans la deuxième période, qui est inaugurée par Biett, l'élément éruptif fait tous les frais de la classification. C'est une classification identique à la classification artificielle de Linné.

Dans la troisième période, la classification devient naturelle. Cette classification, pressentie en quelque sorte par MM. Cazenave et Ricord, se complète entre les mains de MM. Bazin et Hardy. Elle est fondée sur l'ensemble des caractères généraux des syphilides.

DE LA CLASSIFICATION DES SYPHILIDES.

Si l'on examine attentivement les innombrables observations recueillies surtout par les auteurs de ces derniers temps, on voit qu'elles peuvent se diviser en deux catégories. La première comprend les observations dans lesquelles les antécédents font défaut et dans lesquelles aussi, parce que la syphilis n'est pas encore bien avancée dans son évolution, les accidents syphilitiques ultimes manquent. Ces observations sont d'un faible secours pour établir un système de classification. Les autres, trop peu nombreuses, il est vrai, mais bien autrement concluantes, nous font assister à l'évolution complète de la maladie ; elles nous montrent ainsi, d'une manière exacte, la marche ordinaire de la syphilis.

D'après M. Ricord, voici quelle serait la marche de la syphilis : 1° accidents primaires : chancre induré, pléiade ganglionnaire ; 2° accidents secondaires : plaques muqueuses, syphilides communes superficielles ; 3° accidents de transition de la période secondaire à la période tertiaire : iritis et testicule syphilitiques, affections profondes de la peau ; 4° accidents tertiaires : syphilis osseuse, musculaire et viscérale.

Cette division a été beaucoup battue en brèche dans ces derniers temps. On a reproché à l'illustre syphiliographe d'avoir rangé parmi les accidents tertiaires des lésions que l'on rencontre quelquefois dans le cours d'une syphilide primitive. Il en est de même pour l'iritis qui accompagne si souvent le lichen syphilitique. Enfin, on peut objecter à M. Ricord que certains accidents syphilitiques viscéraux sont accompagnés ou même suivis de syphilides circonscrites. Du reste, les divisions de M. Ricord sont d'un faible secours pour établir une classification des syphilides.

Examinons ce qui se passe chez les malades, dont les observations peuvent être considérées comme complètes. Lorsque le chancre s'indure, en même temps se développe la pléiade du plexus ganglionnaire dans lequel se jettent les vaisseaux lymphatiques de la partie malade. Pendant un temps plus ou moins long, la maladie semble bornée aux accidents locaux, mais bientôt le malade présente des plaques syphilitiques muqueuses ou cutanées. L'époque de leur apparition est très-variable ; elles viennent par poussées successives. Quelque temps après, quelquefois même avant l'apparition des plaques syphilitiques, le malade présente un ensemble de phénomènes généraux auquel on a généralement donné le nom de *fièvre syphilitique*. Ces phénomènes sont constitués par une anémie plus ou moins prononcée, un mouvement fébrile apparent, surtout le soir ; de la céphalalgie et des douleurs rhumatoïdes dites ostéocopes s'exaspérant par la chaleur du lit ; de l'inappétence et de la perte des forces. Cette fièvre syphilitique, dont l'intensité est plus ou moins grande, dont la durée varie de quelques jours à un mois et plus, est suivie d'une éruption syphilitique dont les éléments éruptifs sont disséminés, discrets ou confluents comme dans les fièvres éruptives. Ces exanthèmes s'accompagnent souvent d'éruption sur les muqueuses. En même temps que l'éruption se développe, les phénomènes généraux s'amendent généralement et finissent par disparaître complétement. De plus, le système ganglionnaire superficiel s'engorge d'une façon presque générale.

On a souvent comparé la fièvre syphilitique et les syphilides généralisées à de véritables fièvres éruptives. Sans doute, on trouve beaucoup d'analogie, mais aussi de grandes différences séparent ces deux espèces d'éruptions. En effet, dans les fièvres éruptives, l'élément éruptif est toujours le même, et, de plus, les fièvres éruptives sont toujours contagieuses; tandis que les syphilides généralisées se présentent avec un élément éruptif variable, bien qu'émané d'une même source spécifique, et, de plus, personne n'en doute, les syphilides généralisées ne sont pas contagieuses. Nous en concluons donc que les syphilides généralisées, tout en présentant de grandes analogies avec les fièvres éruptives, ne doivent pas complétement être assimilées à ces dernières.

Il est démontré aujourd'hui que les plaques muqueuses sont contagieuses; c'est pour nous un puissant argument pour les séparer des syphilides de la première période et les regarder comme constituant un accident à part, une affection propre, nom que leur donne M. Bazin. Nous regardons, avec Legende et M. Bazin, la syphilide squameuse de la paume des mains et de la plante des pieds, comme la terminaison par desquamation des plaques cutanées de ces régions. Enfin, la syphilide dyschromateuse de M. Hardy doit être considérée comme un trouble de la distribution du pigment cutané sous l'influence du virus syphilitique, il est vrai; mais, comme cet accident ne varie aucunement sous l'influence du traitement mercuriel, nous adoptons l'idée de M. Bazin qui le fait sortir du cadre des syphilides primitives pour en faire une affection propre.

Toutes ces réserves faites, il ne nous reste donc plus parmi les syphilides primitives que les syphilides généralisées, formant une famille de syphilides des plus naturelles. Nous avons dit précédemment que l'iritis syphilitique existait souvent en même temps que le lichen syphilitique; nous ne serions pas éloigné de ne voir dans ce fait qu'une extension de exanthème.

Les syphilides généralisées peuvent présenter plusieurs poussées successives; mais dans aucune observation, nous n'avons vu réapparaître une seconde éruption généralisée lorsqu'il s'était écoulé un certain temps après la guérison complète de la première éruption. Les syphilides généralisées ont des éléments éruptifs variables; les unes sont résolutives et disparaissent sans laisser de traces; les autres sont ulcéreuses et laissent à leur suite des cicatrices indélébiles. Les syphilides généralisées ulcéreuses s'accompagnent souvent de syphilis hépatique. On est généralement d'accord pour regarder cette syphilis hépatique comme constituée par le développement de gommes dans le foie, et cependant chez un malade

du service de M. Bazin qui était atteint d'une syphilide maligne précoce à laquelle il a succombé, qui avait présenté pendant le cours de sa maladie de la jaunisse et de la douleur dans la région hépatique, le foie ne présentait pas de gommes, mais seulement avait subi une dégénérescence graisseuse très-avancée. Nous n'avons vu dans ce fait qu'un état graisseux du foie, conséquence d'une longue et abondante sécrétion purulente.

Les syphilides généralisées ulcéreuses sont presque toujours plus tardives que les syphilides généralisées résolutives.

Pourquoi tel individu a t-il une roséole, un autre un lichen, un troisième, une syphilide maligne précoce? Jusqu'ici personne n'a résolu ce problème. Personne non plus, à notre époque, n'a la pensée d'attribuer, comme le faisait Carmichaël, les différentes syphilides à différents virus. Evidemment cela doit dépendre de l'idiosyncrasie des malades. Des recherches faites sur ce terrain seraient excessivement intéressantes, mais aussi, nous le pensons, très-difficiles.

Lorsque les éruptions généralisées ont disparu, la syphilis paraît subir un temps d'arrêt. Chez quelques malades, la maladie est, pour ainsi dire, guérie, en ce sens qu'ils ne présentent plus aucun accident syphilitique jusqu'à la fin de leurs jours. Chez d'autres, dont la santé était restée bonne pendant un temps variable, se développent de nouveau des accidents syphilitiques. Ces nouveaux accidents syphilitiques ont changé profondément d'allure : plus de phénomènes généraux prodromiques, plus d'engorgement ganglionnaire. Les accidents, au lieu d'être généralisés, sont circonscrits, réunis en groupes; viscéraux ou cutanés, les tissus malades sont toujours plus profondément altérés que dans les syphilides primitives.

Les syphilides circonscrites sont résolutives ou ulcéreuses. Les syphilides ulcéreuses sont plus tardives que les syphilides résolutives. Ces deux classes d'affections présentent des poussées successives; de plus, elles récidivent fréquemment. Alors se présente une particularité excessivement curieuse : la syphilide, en récidivant, se présente presque toujours avec le même élément éruptif.

Les syphilides circonscrites résolutives et ulcéreuses laissent, après leur guérison, des cicatrices indélébiles. Ces cicatrices sont superficielles à la suite des syphilides résolutives et profondes après les syphilides ulcéreuses.

Trois grandes divisions se présentent donc naturellement dans l'étude de la syphilis cutanée.

La première est constituée par l'évolution de plaques syphilitiques qui présentent comme caractère différentiel important la contagion. A côté de la plaque muqueuse et dans la même période, on peut placer la syphilide pigmentaire.

La deuxième période comprend les syphilides primitives qui ont pour caractères spécifiques : 1° la fièvre syphilitique prodromique, 2° la généralisation de l'éruption.

Ces deux premières périodes se confondent le plus

souvent ensemble, et peuvent être considérées, sans trop de témérité, comme constituant la syphilis aiguë.

Dans la troisième période, que l'on peut aussi considérer comme la période chronique de la syphilis, on trouve des accidents syphilitiques viscéraux et cutanés circonscrits, à marche lente, récidivant fréquemment et ne s'accompagnant pas en général d'engorgement ganglionnaire.

Peut-on attribuer aux accidents de chacune de ces périodes une médication déterminée? Nous devons avouer qu'il nous serait impossible de placer vis-à-vis de chacune d'elles une médication spéciale. Au point de vue thérapeutique, on doit ranger les accidents syphilitiques en trois classes correspondant à trois traitements différents, qui sont : 1° les préparations mercurielles ; 2° le mercure et l'iodure de potassium combinés ; 3° l'iodure de potassium.

La première comprend le chancre initial, les plaques syphilitiques, les syphilides généralisées résolutives.

La deuxième, les syphilides généralisées ulcéreuses, toutes les syphilides circonscrites.

Et, enfin, la troisième classe est constituée par la syphilide viscérale, osseuse et musculaire.

CARACTÈRES GÉNÉRAUX DES SYPHILIDES.

Les éruptions syphilitiques, nous l'avons déjà dit, se présentent à l'examen du clinicien avec un ensemble de caractères communs qu'il convient d'examiner avant de procéder à l'étude des caractères différentiels de chaque famille en particulier. Si l'on se borne simplement à l'étude des caractères communs des syphilides primitives et secondaires, cette étude est très-courte, car deux caractères seuls doivent être alors examinés. Ces deux caractères communs sont la couleur des éléments éruptifs et l'absence du prurit. Les caractères tirés de l'examen du siége, de la configuration, des signes secondaires des éruptions, des phénomènes généraux et concomitants et de la marche des éruptions présentant de notables différences suivant les familles, leur étude doit être reléguée dans la description générale de chacune de ces familles et dans celle des espèces en particulier.

Un grand nombre de dermatologistes donnent comme un caractère général très-important des syphilides la tendance à la polymorphie des éléments éruptifs; la polymorphie des éruptions existe en réalité, mais il est nécessaire de discuter sa véritable valeur. La polymorphie syphilitique, en tant que mélange de deux ou plusieurs éruptions génériques syphilitiques, n'existe pas, ce que l'on observe le plus

souvent, c'est la coïncidence d'une éruption généralisée et des plaques syphilitiques ; de plus, les éléments éruptifs d'une même éruption peuvent se présenter à différents degrés d'évolution : papule, squame, macule, etc. Enfin, il est un fait qu'il est très-important de signaler : c'est l'existence d'altérations syphilitiques de la peau provoquées par des agents extérieurs. M. Bazin a attiré l'attention sur les éruptions de cause interne provoquées par des irritants extérieurs. Cela est vrai aussi pour la syphilis, surtout peu de temps après l'époque de l'inoculation du chancre.

Nous avons vu cette année, dans le service de M. Bazin, de nombreux faits confirmant cette manière de voir. Les éruptions ordinaires, les écorchures, etc., s'entourent d'un liséré rouge cuivré tout à fait caractéristique, et la démangeaison, qui pouvait exister auparavant, disparaît complétement.

Chez une jeune fille qui est entrée dernièrement à la salle Sainte-Foy pour des plaques muqueuses et de la gale, toutes les lésions de la peau provoquées par la présence de l'acarus ont pris un cachet syphilitique tout à fait curieux. Chez une autre malade de la même salle, atteinte d'une roséole spécifique, deux écorchures de la jambe ont donné naissance à des pustules d'ecthyma présentant tous les caractères d'une éruption syphilitique. Ces faits peuvent être mis difficilement en doute, car presque tous les auteurs admettent la provocation des syphilides par l'emploi des bains, des frictions, des douches, etc. En présence donc d'une éruption syphilitique polymorphe, on devra distinguer ce qui appartient à la syphilide proprementdite, aux plaques syphilitiques, et à l'éruption provoquée.

Coloration.—La couleur des syphilides constitue un des signes les plus caractéristiques de ces affections. On lui a donné successivement les noms de couleur cendrée, couleur chair de jambon, couleur de cuivre rouge. Dans le plus grand nombre de cas, l'expression de couleur de chair de jambon imaginée par Fallope, est certainement plus heureuse que celle de coloration cuivrée, qui cependant est devenue plus classique. Toutes les syphilides sont loin d'avoir tout à fait la même nuance. Les syphilides généralisées, la roséole et le lichen, par exemple, présentent une coloration moins foncée. Les syphilides tardives, au contraire, ont une coloration plus foncée que celles des syphilides généralisées, c'est surtout aux syphilides circonscrites que l'expression de couleur de chair de jambon doit être appliquée. M. Bazin enseigne que les affections qui présentent une coloration syphilitique très-foncée ont une tendance plus marquée à l'ulcération. Cet auteur distingue aussi la couleur des syphilides de la couleur des autres affections de la peau; suivant lui, les arthritides présentent une coloration rouge vineuse; les scrofulides, une coloration rouge ocreux, et les herpétides offrent une coloration rosée. Lorsque la syphilide tend à disparaître, la couleur devient brune, puis jaune fauve et enfin disparaît complétement.

Absence de douleur et de démangeaison. — L'absence du prurit est un fait capital, mais qui cependant n'a pas une si grande valeur, au point de vue du diagnostic, qu'on l'a prétendu. En effet, dans certaines scrofulides, qui, comme on le sait, sont des affections qu'il est souvent très-facile de confondre avec les syphilides, l'absence du prurit s'observe également. Enfin, un très-grand nombre d'auteurs ont signalé un peu de prurit au début des éruptions généralisées ; le fait est très-important à connaître, car il explique la confusion possible, à la suite d'un examen même sérieux, entre le lichen syphilitique et certaines éruptions de *psoriasis punctata*. Il n'est pas rare aussi de trouver de la démangeaison dans les syphilides ulcéreuses. Nous ne voyons là qu'un fait causé par l'irritation de la peau saine qui entoure les régions malades par la suppuration et les croûtes.

DES AFFECTIONS PROPRES.

Des plaques syphilitiques.

Lorsque l'on n'admet pas l'identité des plaques muqueuses et des tubercules plats de la peau, décrits pour la première fois d'une façon un peu précise par Cullerier l'ancien, la classification est facile, les plaques muqueuses sortent du cadre ordinaire des syphilides. Les plaques muqueuses, en effet, ne siégent que sur les muqueuses et la peau qui, avoisinant les orifices naturels, est baignée par les liquides de ces orifices. Le problème est reculé, mais non résolu. Si l'on admet, avec Legendre et M. Bazin, l'identité des plaques muqueuses et des plaques cutanées, on se trouve en présence d'une difficulté très-sérieuse pour classer ces accidents. Les plaques syphilitiques, en effet, se présentent avec un ensemble de caractères qui les éloignent beaucoup des syphilides proprement dites. Ces caractères sont : 1° la contagion possible par le pus des plaques, contagion admise aujourd'hui par presque tous les auteurs ; 2° leur existence, pour ainsi dire fatale, à la suite du chancre infectant ; 3° leur répétition fréquente précédant d'abord les syphilides généralisées, coïncidant avec celles-ci et ne disparaissant le plus souvent que longtemps après elles.

M. Vidal, dans un travail inséré dans les Annales des maladies de la peau et de la syphilis, février 1851, a prétendu avoir inoculé la vérole chez un interne en

pharmacie, avec du pus provenant de pustules d'ecthyma.

Une lecture attentive de cette observation a fait naître chez nous la conviction profonde que ces pustules d'ecthyma n'étaient autre chose que des tubercules plats. Chez le malade au virus, le chancre datait de six semaines seulement; toutes les muqueuses étaient couvertes de plaques muqueuses. Sur le corps, on voyait : « des pustules *ecthymateuses* sur la région thoracique, en plus grand nombre sur le côté gauche et dans les plis génito-cruraux. Ces pustules étaient larges (1 centimètre environ de périphérie), convexes, sphériques, recouvertes d'une croûte épaisse, d'un gris roussâtre, comme imbriquée et entourée d'une auréole d'un blanc grisâtre plus près du centre de la pustule, et devenant extérieurement d'un rouge foncé. Par leur accroissement, les ulcérations s'étaient réunies et confondues en une seule. Sous la cavité croûteuse, séjournait un pus blanc grisâtre et assez épais. »

Wallace donne deux observations d'inoculation avec le pus de pustules dites *secondaires*. Dans la première, J. K... portait sur le corps un grand nombre de pustules syphilitiques psydraciées; l'éruption datait de quinze jours. Point d'autres détails.

Dans la seconde, les pustules de J. S... appartenaient à la forme de la syphilide pustuleuse, dont les pustules sont psydraciées. L'éruption remontait environ à quatre semaines, et quelques pustules étaient recouvertes alors de *petites croûtes*.

L'observation de Rinecker a manifestement rapport à un enfant nouveau-né couvert de plaques syphilitiques.

Ajoutons aussi une remarque importante, c'est que dans les différentes inoculations faites avec du sang de sujets syphilitiques, le sang a été pris alors que les malades présentaient des plaques muqueuses.

Pour nous, la question de la transmissibilité de ces accidents secondaires autres que les plaques syphilitiques, n'est rien moins qu'élucidée.

Espérons que les observations cliniques seules viendront dissiper le doute à cet égard. Quant à l'inoculation sur des sujets sains, on a peine à croire que des hommes intelligents, bien qu'entraînés par la soif de connaître, aient pu commettre de pareils méfaits.

M. Bazin, se fondant sur les caractères différentiels des plaques syphilitiques, les range à part dans la classification des syphilides sous le nom d'*accident propre*.

Lorsque l'on compare une plaque muqueuse proprement dite et un tubercule plat, il est tout d'abord difficile d'admettre l'identité de ces deux accidents. Le tubercule plat a une forme bien nettement déterminée. Il est constitué par une élévation le plus souvent circulaire du derme, présentant une coloration rouge cuivré et des dimensions variant de celles d'un grain de chènevis à celles d'une pièce de 50 centimes. Au centre, la papule est déprimée en godet et enchâsse une petite croûte circulaire. Au contraire, les formes de la plaque muqueuse sont très-variables, elles suppurent continuellement, peuvent s'ulcérer, présentent des végétations fréquentes, etc. Cependant, si l'on admet que les plaques muqueuses, chez les malades qui prennent des soins de propreté, offrent peu de tendance à la végétation et à l'ulcération, que sur les malades qui présentent en même temps des plaques cutanées et des plaques muqueuses, les plaques qui existent sur les surfaces cutanées humides, semblent intermédiaires entre les deux variétés, cette identité sera plus facile à admettre.

Les plaques syphilitiques présentent encore des formes variées, influencées par le lieu de leur développement. Au cuir chevelu, elles se présentent sous la forme de petits boutons recouverts de croûtes ; le diagnostic des plaques et des papules de lichen siégeant dans le cuir chevelu est à peu près impossible, les papules du lichen irritées par la sueur et les grattages du malade se recouvrant, comme les plaques, de croûtes abondantes.

A la paume des mains et à la plante des pieds, la plaque cutanée revêt un cachet spécial. Aussi un grand nombre d'auteurs en ont-ils fait un genre de syphilide: la syphilide squameuse. Les difficultés du diagnostic des affections de la paume des mains expliquent suffisamment les nombreuses divergences d'opinion à cet égard. En effet, à la paume des mains et à la plante des pieds, par suite de la grande épaisseur du derme et de l'épiderme, les éléments éruptifs sont gênés dans leur évolution. Il en résulte que les caractères différentiels des éruptions sont on ne peut moins tranchés. Tout tend à se confondre : eczéma, psoriasis, lichen, etc. Aussi le plus souvent pour poser un diagnostic certain est-on obligé de voir ce qui se passe au dehors de ces régions, quand l'éruption n'y est pas limitée. Dans la sypbilide palmaire, il existe presque toujours en même temps des plaques ou du lichen syphilitique.

M. Bazin se fondant sur la précocité et la circonscription de la syphilide squameuse, refuse d'admettre cette syphilide comme formant un genre à part, puisqu'il pose, comme une règle absolue, que les syphilides primitives sont toujours généralisées. Legendre est le premier qui a regardé la syphilide squameuse de la paume des mains comme causée par une syphilide papuleuse.

La syphilide squameuse de la paume des mains, qui est la conséquence de plaques syphilitiques de cette région, diffère de celle qui dépend de la syphilide papuleuse en ce que les éléments éruptifs des plaques présentant des dimensions beaucoup plus considérables se confondent généralement et s'offrent sous l'aspect de larges plaques présentant la coloration rouge cuivré, de la desquamation et dont la périphérie affecte une forme festonnée.

Les plaques muqueuses, nous l'avons déjà dit, peuvent végéter, et alors elles affectent les formes les plus variées. Elles peuvent s'ulcérer et dans certaines régions : aux commissures des lèvres, aux espaces interdigitaux, ces ulcérations se présentent sous la forme de fentes profondes auxquelles on a donné le nom de rhagades. Les plaques cutanées siégeant à la base des ongles donnent naissance à une variété d'onyxis syphilitique.

Du vitiligo syphilitique.

(Syphilide pigmentaire de M. Hardy.)

Cette lésion a été étudiée pour la première fois par M. Hardy en 1853, et un de ses élèves, M. Pilon, en a fait le sujet de sa thèse, en 1857. M. Bazin en fait un accident spécial qui doit être mis à côté des plaques syphilitiques. En effet, la syphilis pigmentaire est circonscrite, elle peut coexister avec une syphilide généralisée ; l'époque de son apparition est indéterminée, cependant elle existe rarement en dehors de la période des syphilides primitives. M. Hardy donne pour limites de l'époque d'apparition quatre mois et un an.

La syphilide pigmentaire est caractérisée par des taches grises et blanches, sans saillie, sans desquamation. La grandeur de ces taches varie des dimensions d'une pièce de 50 centimes à celles d'une pièce de 1 franc. Leurs bords sont irréguliers et se confondent en interceptant des intervalles de peau présentant la coloration norma e. Pour M. Hardy ce sont les espaces blancs qui, constituent l'affection dyschromateuse par suite d'une dimiinution de la matière pigmentaire.

Le siége de prédilection de la syphilide pigmentaire est le cou. Elle se remarque plus facilement chez les femmes et les sujets lymphatiques dont la peau est plus fine que chez les autres malades. Elle a une durée variable, tantôt ne durant que un à deux mois, tantôt, au contraire, persistant beaucoup plus longtemps et, dans quelques cas rares, indéfiniment.

M. Bazin, se basant sur ce que la syphilide pigmentaire n'était nullement influencée par le traitement mercuriel, refusait d'admettre cette lésion comme syphilitique. Il est revenu depuis sur cette opinion. Voici ce qu'il dit dans sa deuxième édition de la syphilis : « C'est une affection dyschromateuse qu'on rencontre trop fréquemment chez les sujets syphilitiques pour nier toute influence de la syphilis sur sa production. »

DES SYPHILIDES GÉNÉRALISÉES.

Les syphilides généralisées se présentent avec des caractères communs et un ensemble de phénomènes généraux qui, nous l'avons déjà dit, les ont fait comparer par plusieurs auteurs aux fièvres éruptives.

En effet, elles sont, dans la grande majorité des cas, précédées par des phénomènes généraux qui consistent dans un mouvement fébrile plus ou moins accentué, de l'inappétence, de la perte des forces. De plus, on constate certains phénomènes particuliers : une céphalalgie intense, des douleurs rhumatoïdes musculaires et articulaires ; cette céphalalgie et ces douleurs s'accentuent considérablement la nuit. On a reconnu que c'était la chaleur du lit qui était la cause de ces exacerbations, car les individus qui exercent une profession nocturne souffrent davantage le jour pendant qu'ils sont au lit ; de plus, ces exacerbations sont plus marquées pendant les grandes chaleurs que pendant l'hiver. En outre, les malades sont presque toujours anémiés (anémie syphilitique). Quelques auteurs joignent à ces phénomènes l'alopécie ; nous ferons remarquer à cet égard que l'alopécie est le résultat de la lésion des bulbes pileux altérés par des plaques syphilitiques ou par les éléments éruptifs de l'exanthème et ne doit pas être regardée comme un phénomène prodromique.

Ces phénomènes prodromiques persistent pendant un temps qui varie de quelques jours à un ou deux septénaires ; ils peuvent totalement manquer. En général, lorsque l'éruption fait son apparition, ils cessent brusquement ; quelquefois ils persistent pendant quelque temps, mais en s'amendant de jour en jour.

L'éruption se fait quelquefois lentement, envahissant successivement les diverses régions cutanées ; dans d'autres cas, l'éruption est générale d'emblée.

Les syphilides généralisées s'accompagnent souvent d'éruption des muqueuses, ainsi que l'ont fait remarquer MM. Hardy et Pilon ; c'est une particularité qui les rapproche encore plus des fièvres éruptives. Elles coïncident généralement avec des plaques syphilitiques muqueuses et cutanées, et plus rarement avec la syphilide pigmentaire de M. Hardy. M. Bazin assigne aux syphilides exanthématiques un autre caractère commun, c'est l'engorgement des ganglions sous-cutanés. Les syphilides généralisées débutent peu de temps après la contagion. On les observe dans un intervalle de temps variant de un à dix-huit mois. Elles dépassent rarement cette époque. Les plus précoces sont les syphilides érythémateuse et papuleuse, puis viennent les syphilides pustuleuse et vésiculeuse. Enfin, en dernier lieu, on observe les syphilides généralisées ulcéreuses malignes qui sont précoces pour M. Bazin parce qu'il les rapproche des syphilides circonscrites ulcéreuses, mais qui sont tardives si on les fait rentrer dans la famille des syphilides exanthématiques.

L'éruption persiste pendant un temps très-variable, les résolutives se terminent par desquamation et les ulcéreuses par cicatrisation. Dans certains cas, on observe des poussées successives, et, chose remarquable, observée par M. Bazin, les nouvelles poussées ont de la tendance à passer au type circonscrit.

Les syphilides généralisées présentent donc trois périodes dans leur évolution : 1° période prodromique ; 2° période d'état ; 3° période de déclin. On pourrait ajouter une quatrième période qui serait la période de desquamation pour les syphilides généralisées résolutives et la période de cicatrisation pour les syphilides généralisées ulcéreuses.

Lorsque les malades ont été soumis à un traitement mercuriel antérieur à l'éruption, celle-ci est altérée dans sa forme : au lieu d'être généralisée, elle est groupée; ce sont les syphilides modifiées par le traiment signalées par M. Bazin.

Comme ordre de fréquence, les syphilides généralisées doivent être rangées ainsi :

1° Syphilide érythémateuse ou roséole ;
2° — papuleuse ou lichen ;
3° — pustuleuse résolutive ;
4° — pustulo-ulcéreuse ou maligne ;
5° — syphilide vésiculeuse ;
6° — papulo-ulcéreuse maligne.

Mentionnons, en dernier lieu, un fait très-curieux qui ne paraît pas avoir attiré l'attention des dermatologistes et que rien, dans leurs observations nombreuses que nous avons parcourues, ne nous a semblé infirmer. C'est que jamais un malade n'est atteint de deux syphilides exanthématiques différentes. Dans certaines observations, on constate souvent la coïncidence d'une roséole et de papules larges ou tubercules plats de Cullerier l'oncle; cette coïncidence n'infirme en rien la règle précédente, puisque nous considérons, avec Legendre et M. Bazin, ces tubercules plats comme identiques aux plaques muqueuses. Nous n'aurions certainement pas osé poser cette règle si notre savant maître M. Bazin n'avait pas approuvé verbalement notre manière de voir.

DE LA SYPHILIDE GÉNÉRALISÉE ÉRYTHÉMATEUSE.

(Roséole.)

La roséole, nom que donnent aujourd'hui à cette éruption presque tous les auteurs, était désignée, par les dermatologistes du commencement de ce siècle, sous le nom de syphilide ortiée; nom impropre s'il en fut, car la roséole, même papuleuse, ne ressemble en rien à l'urticaire si ce n'est dans la période de résolution de cette dernière affection. Elle suit en général de près le moment de la contagion, en général elle apparaît au bout de six semaines à trois mois. Le plus souvent, elle est accompagnée de plaques muqueuses et cutanées. Elle est généralement précédée par les phénomènes généraux prodromiques; mouvement fébrile, douleurs ostéocopes, céphalalgie, phénomènes qui disparaissent rapidement au moment de l'éruption.

La roséole se présente sous deux formes : la forme maculeuse et la forme papuleuse. La première de ces deux formes est de beaucoup la plus fréquente.

La forme maculeuse est constituée par des taches

rouges, ressemblant en général à des taches de rougeole aggrandies, plus ou moins répandues sur tout le corps, mais principalement sur le tronc; plus ou moins confluentes et s'effaçant incomplétement sous la pression du doigt. Elles se développent très-lentement, d'autres fois l'éruption est complète en un ou deux jours, surtout lorsque l'éruption est provoquée par un bain, une friction ou bien encore arrive après une émotion vive.

La roséole papuleuse ne diffère de la première que par une très légère élevure des taches.

Lorsque l'éruption tend à disparaître, ce qui a lieu au bout de un à deux mois, en l'absence de traitement mercuriel, les taches brunissent, se rapprochent de la rougeur cuivrée, puis deviennent jaunâtres, et l'affection se termine par une légère desquamation. La roséole n'est accompagnée d'aucune démangeaison, si ce n'est un peu au début de l'éruption. C'est certainement la syphilide exanthématique la plus fréquente et cependant elle passe souvent inaperçue par les malades. On prétend qu'elle est plus fréquente chez les femmes, et chez les personnes qui ont la peau fine et blanche ; cela provient peut-être de ce que les femmes s'examinent avec plus d'attention pendant leur toilette que les hommes et que chez les personnes à peau blanche l'éruption est plus facile à apercevoir.

M. Bazin décrit une troisième variété de roséole, la roséole granulée, remarquable par la petitesse des taches qui siégent au niveau des follicules pileux augmentés de volume. Il ne nous a pas été donné de voir cette variété qui paraît être excessivement rare.

La roséole ne peut être confondue avec la rougeole qui s'accompagne de fièvre intense, de catarrhes nasal et bronchique et de larmoiement, et qui en diffère en outre par la rapidité d'évolution de l'éruption. L'urticaire s'accompagne de vives démangeaisons, et dans sa période d'état, nous l'avons déjà dit, il ne ressemble en rien à la roséole; son apparition et sa disparition brusques le distinguent du reste suffisamment. La rapidité de l'éruption et de grandes différences dans les phénomènes prodromiques ne permettront pas de confondre la roséole fébrile et l'érythème prodromique de la variole avec la roséole syphilitique. La roséole copahique, qui ressemble beaucoup par ses caractères objectifs à la roséole syphilitique, s'accompagne de démangeaisons très-vives.

SYPHILIDE PAPULEUSE GÉNÉRALISÉE.

(Lichen syphilitique.)

Sous ce nom, nous décrirons brièvement une éruption caractérisée par de petits boutons ronds, durs, pleins, non ulcéreux, présentant une rougeur cuivrée très-marquée, sans démangeaison, si ce n'est un peu au début, dans des cas assez rares. Au bout d'un certain temps, le sommet des boutons présente de la desquamation; la papule s'affaisse peu à peu et est remplacée par une tache qui disparaît en dernier lieu.

Un grand nombre d'auteurs ont décrit en même temps que la syphilide papuleuse, les tubercules plats; nous avons déjà fait voir que ces tubercules plats étaient indépendants de la syphilide papuleuse généralisée proprement dite.

Le lichen syphilitique est presque toujours précédé par les phénomènes prodromiques syphilitiques. Ces phénomènes durent généralement plus longtemps pour le lichen que pour la roséole. Ils disparaissent presque toujours complétement lorsque l'éruption commence à paraître. L'éruption paraît généralement de deux mois à un an après la contagion. Il n'est pas rare de voir encore des traces du chancre induré lorsque l'éruption est précoce. Il existe presque toujours en même temps des plaques muqueuses et cutanées. Le lichen syphilitique, bien que fréquent, l'est beaucoup moins que la roséole.

Plus ou moins généralisée, l'éruption débute ordinairement par les poignets ou par le tronc; elle peut être discrète ou confluente. Elle est constituée par de petites élevures du derme ressemblant ordinairement à une lentille. La coloration est d'abord rose, puis rouge cuivré. Au bout d'un certain temps, la couche épidermique qui revêt la papule se rompt et tombe; il existe alors autour de la papule une colerette épidermique signalée par Biett, qui regardait ce signe comme très-important pour le diagnostic de la nature syphilitique de l'éruption. La desquamation se reproduit plusieurs fois pendant la durée de l'affection, qui peut persister plusieurs mois.

Lorsque l'éruption approche de sa terminaison, la papule s'affaisse de plus en plus, laissant à sa place une macule dont la teinte syphilitique s'affaiblit progressivement pour disparaître sans laisser aucune trace à sa suite.

M. Bazin a décrit une syphilide papuleuse miliaire qui ne diffère en rien de l'éruption que nous venons de décrire, si ce n'est que par la petitesse des dimensions de l'élément éruptif, les autres caractères restant les mêmes. Il ne faut pas confondre cette forme avec la syphilide papuleuse miliaire de M. Bassereau, qui est une syphilide pustuleuse acnéique.

Le lichen syphilitique présente quelques modifications dans certaines régions, à la plante des pieds, à la paume des mains, au cuir chevelu, et à la face. A la paume des mains et à la plante des pieds, l'élément papuleux, en raison de l'épaisseur du derme et de l'épiderme, disparaît presque complétement, la rougeur spécifique et la desquamation sont les seuls phénomènes appréciables. Nous sommes ici en présence d'une des variétés de ce que l'on appelle la syphilide squameuse. Dans ces régions, l'éruption gagne en largeur ce qu'elle perd en épaisseur. Si l'éruption est confluente, les plaques se confondent entre elles, et ce n'est qu'aux bords que l'on peut constater la forme circulaire de l'élément éruptif, par suite des festons que présente alors la syphilide palmaire. Lorsque l'éruption est discrète et que la desquamation existe déjà, on voit au niveau de la tache rouge une disparition circulaire de l'épiderme, et comme l'épiderme de la paume des mains est très-épais, la lacune semble avoir été produite avec un emporte-pièce.

A la face, les papules sont peu épaisses et plus

larges. Dans le cuir chevelu, par suite des grattages et à cause de la sécrétion sudorale très-abondante en cette région, les papules se recouvrent souvent de croûtes, circonstance qui complique le diagnostic de la lésion.

Une circonstance très-remarquable, c'est la fréquence de l'iritis syphilitique coïncidant avec le lichen. Cette particularité a été signalée par MM. Rayer, Ricord, Legendre et Bazin. Cette année, nous avons vu à l'hôpital Saint-Louis douze cas d'iritis syphilitique; onze fois l'affection oculaire coïncidait avec le lichen; une seule fois, avec une syphilide pustuleuse généralisée. On sait que M. Ricord assimile les condylomes de l'iritis syphilitique aux papules du lichen.

La récidive est rare et a lieu toujours avant la disparition complète de la première éruption.

Le diagnostic du lichen syphilitique est généralement facile. On peut cependant le confondre avec une éruption confluente de plaques cutanées, le psoriasis guttata et le lichen lividus.

La plaque cutanée est plus large, présente une dépression centrale remplie par une croûte.

Le psoriasis guttata n'est pas précédé de phénomènes généraux. Il existe toujours une démangeaison qui, quoique faible, est cependant plus marquée que celle du début du lichen. Au début la rougeur du psoriasis est jaunâtre, la desquamation existe déjà; l'élevure papuleuse du psoriasis est pour ainsi dire insignifiante, et l'éruption présente en général aux coudes et aux genoux un développement caractéristique.

Le lichen lividus est rarement généralisé, sa couleur est violacée, la démangeaison est très-marquée.

Le lichen syphilitique est par lui-même peu grave, excepté dans les cas excessivement rares où il se transforme en syphilide papulo-ulcéreuse. Nous reviendrons plus tard sur cette variété, en traitant des syphilides généralisées ulcéreuses.

SYPHILIDE PUSTULEUSE.

Le lichen et la roséole forment deux espèces de syphilides bien nettement distinctes. Il n'en est pas de même de la syphilide pustuleuse qui se présente sous trois formes bien différentes les unes des autres, les trois formes sont : l'acné syphilitique, la syphilide pustuleuse miliaire et la variole syphilitique.

Nous avons fait l'histoire de la roséole et du lichen d'une façon plus ou moins complète pour montrer comment se comportaient ordinairement les syphilides généralisés. Mais, comme notre intention est de faire une étude sur la classification des syphilides et non une étude, même succincte, des syphilides, désormais nous tracerons rapidement les caractères des syphilides nécessaires pour justifier leur séparation en espèces et en variétés.

Acné syphilitique. — Cette affection réside dans les glandes sébacées, par conséquent ses siéges de prédilection sont la face et le dos. L'éruption est constituée par de petites pustules reposant sur une base indurée présentant la couleur rouge cuivré. Au bout de très-peu de temps les pustules sont surmontées d'une petite croûte. Cette croûte tombe au bout d'un certain temps; et l'élément éruptif est constitué par un bouton dur qu'il est facile de confondre avec une papule. Le bouton s'affaisse et disparaît en laissant à sa place une petite cicatrice déprimée, arrondie, blanche, bien différente de la cicatrice plissée et allongée de l'acné ordinaire.

Syphilide pustuleuse miliaire. — Elle est constituée par de petites pustules, présentant de la tendance à se réunir en groupes et dont l'éruption se fait par poussées successives. Telle est la description qu'en donne M. Bazin. Il ajoute que les pustules sont annexées aux poils. La nature syphilitique de cette éruption ne serait surtout caractérisée qn'après la disparition des pustules par l'aspect des taches cicatricielles qui les remplacent. L'histoire de cette forme de syphilide est dans tous les traités de dermatologie.

Variole syphilitique. — Cette variété est décrite par M. Hardy sous le nom de syphilide varioliforme. Elle est constituée par des taches rouges qui se recouvrent de vésicules superficielles plus ou moins confluentes qui se transforment bientôt en pustules. Les pustules en crevant se recouvrent de croûtes épaisses. L'auréole rouge se transforme en même temps en base indurée.

L'éruption guérit en laissant à sa suite des cicatrices blanches et lisses indélébiles. L'aspect de l'éruption qui est souvent précédée de phénomènes généraux très-intenses, a fait donner le nom de variole syphilitique à cette éruption.

La durée de l'éruption est très-longue par suite des nombreuses poussées successives.

Pour M. Bazin, les accidents constitutionnels consécutifs seraient plus fréquents et plus graves après la syphilide pustuleuse généralisée qu'après la roséole et le lichen.

SYPHILIDE VÉSICULEUSE.

La syphilide vésiculeuse renferme trois formes : la varicelle syphilitique, l'herpès et l'eczéma. La première de ces syphilides mérite seule, pensons-nous, de trouver place parmi les syphilides généralisées. En effet, l'éruption est généralisée comme celle de la fièvre éruptive dont elle a pris le nom. Elle est précédée des phénomènes prodromiques. Elle est constituée par l'éruption de vésicules subglobuleuses renfermant un liquide qui, d'abord transparent, se trouble légèrement au bout de quelque temps. Ces vésicules reposent sur des taches rouges. Au bout de quelques jours d'existence, les vésicules se rompent et sont remplacées par des croûtes. L'éruption se fait par poussées comme dans la varicelle épidémique. En général, la varicelle syphilitique a une durée de trois à quatre semaines; elle se termine en laissant des taches présentant la couleur rouge cuivré, qui disparaissent lentement.

Quant aux deux autres variétés, eczéma et herpès, il faut avouer notre embarras pour les classer. M. Bazin nie leur existence dans sa première édition de la syphilis, et dans sa deuxième édition, il revient sur son opinion et les range parmi les syphilides exanthématiques. Cependant dans sa description, il ne fait mention pour ces deux syphilides d'aucun des caractères distinctifs des syphilides primitives : pas de phénomènes prodromiques, pas de généralisation de l'éruption. L'eczéma syphilitique diffère de l'eczéma ordinaire par la coloration rouge cuivré, par la durée plus longue des vésicules, par l'absence de démangeaison.

L'herpès, toujours suivant M. Bazin, diffère de l'herpès circiné ordinaire par l'absence de marche centrifuge, de démangeaison, de contagion et par la couleur rouge cuivré. Il ne donne aucun renseignement sur l'époque de l'apparition de ces deux affections syphilitiques.

M. Hardy range ces deux syphilides parmi les syphilides intermédiaires et ne leur donne d'autres limites de l'époque d'apparition que celles qu'il constate pour les syphilides intermédiaires en général.

Ces deux auteurs s'accordent pour constater la rareté de ces deux affections. N'ayant eu l'occasion de voir ni l'une ni l'autre de ces deux éruptions, il nous est impossible de formuler une opinion arrêtée sur leur classement. Cependant, d'après les descriptions qu'en ont données MM. Bazin et Hardy, nous aurions de la tendance à les ranger parmi les syphilides secondaires circonscrites résolutives.

DES SYPHILIDES GÉNÉRALISÉES ULCÉREUSES.

Les syphilides généralisées ulcéreuses sont plus tardives que les syphilides généralisées résolutives; comme elles, elles sont précédées de phénomènes prodromiques, qui, dans la plupart des cas, loin de cesser au moment de l'éruption se prolongent en prenant un caractère d'intensité remarquable.

La suppuration est généralement abondante, et comme l'éruption se prolonge par poussées successives pendant un temps très-long, un an, deux ans et même davantage, les malades s'affaiblissent de plus en plus et même succombent au bout d'un certain temps par les progrès de l'émaciation. Quelquefois la mort est causée par le développement d'une maladie intercurrente, érysipèle, pneumonie, etc.

Les syphilides généralisées ulcéreuses s'accompagnent souvent, nous l'avons déjà dit, d'accidents syphilitiques internes. Quand elles se sont prolongées un certain temps, elles ont de la tendance à passer au type circonscrit.

Le pus dans les syphilides généralisées ulcéreuses diffère sensiblement du pus phlegmoneux. Sa couleur est grisâtre, il offre une grande disposition à se concréter. Les leucocythes de ce pus sont plus petits que ceux du pus ordinaire. Les croûtes que forment ce pus sont énormes, elles sont d'un brun verdâtre, d'un aspect repoussant. Au-dessous des croûtes sont des ulcérations à fond grisâtre, à bords taillés à pic. Lorsque l'ulcération guérit, la cicatrisation se fait par l'élévation du fond de l'ulcère par suite du développement de très-petits bourgeons charnus. La cicatrice est d'abord brune, presque toujours arrondie, sauf le cas où les éléments éruptifs se sont confondus. Au bout d'un certain temps, au milieu de la cicatrice brune, apparaît une tache blanche qui s'agrandit de plus en plus, et finalement la cicatrice est blanche, lisse, présentant une légère dépression.

Les syphilides généralisées réclament, nous le savons déjà, le traitement par le mercure et l'iodure de potassium combinés.

Les syphilides généralisées se présentent sous deux formes : la syphilide pustulo-ulcéreuse et la syphilide papulo-ulcéreuse.

SYPHILIDE PUSTULO-ULCÉREUSE.

Sous le nom de syphilides puro-vésiculeuses M. Bazin range quatre formes de syphilides malignes précoces qui sont :

1° Le pemphigus neo-natorum ;
2° Le rupia ;
3° L'echtyma profond ;
4° L'impétigo confluent.

Pemphigus neo-natorum. — M. Bazin n'admet pas le pemphigus syphilitique chez les adultes. Chez les enfants nouveau-nés, il se présente sous la forme de bulles entourées d'une auréole cuivrée dont le liquide purulent se transforme bientôt en croûtes épaisses. C'est surtout à la paume des mains et à la plante des pieds que les bulles se développent, mais cependant on les rencontre fréquemment sur toutes les autres parties du corps. C'est une des formes les plus fréquentes de la syphilis héréditaire. Les enfants succombent généralement à cette affection. L'auréole cuivrée et les antécédents syphilitiques des parents, la couleur brun verdâtre des croûtes le distinguent suffisamment du pemphigus cachectique que l'on rencontre aussi chez les enfants nouveau-nés.

Le rupia, l'echtyma profond et l'impétigo confluent se rencontrent le plus souvent en même temps chez le même individu. Ces diverses dénomnations s'appliquent plutôt aux différences de groupement et de dimension des éléments éruptifs qu'à des formes que l'on rencontrerait séparément. Aussi préférons-nous confondre ces trois formes en une seule qui est la syphilide pustulo-ulcéreuse généralisée. Ces distinctions n'ont en effet aucune utilité pratique puisque la marche de l'affection reste la même et que de plus ces différentes formes d'éruption se retrouvent généralement chez le même individu. Lorsque l'affection vieillit, la tendance au groupe se prononce. Autour des larges pustules primitives se développent de petites pustules confluentes et constituent une forme d'éruption à laquelle M. Bazin a donné le nom d'impétigo cerclé.

Dans ces affections, les malades exhalent une odeur repoussante, résultat de la fermentation des croûtes et du pus. Le pus et les croûts irritant la peau saine sont la cause de douleurs quelquefois atroces. On a observé la marche serpigineuse des ulcères dans ces affections; cette circonstance est assez rare et ne s'observe, en général, que longtemps après le début de l'éruption.

SYPHILIDE TUBERCULO-ULCÉREUSE.

Cette forme est très-rare. D'après les descriptions que nous en avons lues dans la Syphilis de M. Bazin et dans la thèse de M. Dubuc, elle nous paraît débuter par un lichen syphilitique ordinaire. Le lichen est le résultat de la prolifération de cellules spéciales d'après Virchow (1). Au bout d'un certain temps les cellules subissent une dégénérescence moléculaire et disparaissent par résorption. Si la prolifération du processus pathologique a été trop considérable ou bien si la faculté de résorption est trop faible, l'ulcération en est la conséquence. C'est ce qui se passe ordinairement dans les tissus morbides, cancer, tubercule, que nous avons l'occasion d'observer journellement.

Les ulcérations une fois produites, la marche de l'affection ne diffère pas sensiblement de celle de la syphilide pustulo-ulcéreuse généralisée. La période de cicatrisation présente seule une particularité remarquable, c'est la tendance qu'a l'affection à se terminer par desquamation. Nous ne voyons là qu'une analogie de plus entre la syphilide tuberculo-ulcéreuse généralisée et le lichen syphilitique.

M. Bazin décrit une troisième forme de syphilide

(1) R. Virchow, de la syphilis, trad. en français, par Picard; 1 vol. in-8, 1860.

maligne précoce, c'est la syphilide tuberculo-ulcérante gangréneuse. Dans cette forme, les papules au lieu de s'ulcérer sont frappées de gangrène. A la chute des eschares succèdent des ulcères profonds. Nous n'apercevons ici d'autre différence avec la forme que nous venons d'étudier que la terminaison par gangrène. La terminaison gangréneuse de la papule dépend de circonstances spéciales, mal déterminées jusqu'ici. Nous ne voyons pas dans cette circonstance, très-importante, il est vrai, au point du pronostic, une raison suffisante pour faire de cette syphilide une forme à part. Comme la précédente, la syphilide gangréneuse se termine par desquamation au niveau des cicatrices.

Quels sont les signes qui pourraient faire supposer la terminaison par ulcération ou par gangrène d'une éruption syphilitique papuleuse au début. Suivant M. Bazin, les éléments éruptifs sont plus volumineux, la couleur d'un rouge plus foncé; ce seraient là les seuls signes capables d'éveiller l'attention du médecin.

DES SYPHILIDES CIRCONSCRITES.

Ces syphilides sont caractérisées par la circonscription des éléments éruptifs et par l'époque tardive de leur apparition ; de plus, elles ne s'accompagnent pas généralement de l'engorgement des ganglions lymphatiques.

Les médecins de l'hôpital du Midi les ont regardées comme des syphilides modifiées et retardées dans l'époque de leur apparition par un traitement mercuriel. Cette assertion est complétement fausse puisqu'on observe des syphilides circonscrites qui n'ont jamais subi de traitement. Elles ont presque toujours été précédées par une éruption généralisée. Souvent cette éruption généralisée a passé inaperçue ; on sait, en effet, que la roséole n'est presque jamais reconnue par les malades. Aussi chez les femmes, particulièrement, qui peuvent avoir un chancre vaginal ou du col de l'utérus méconnu, une roséole à laquelle elles font peu attention ou bien dont elles ne s'aperçoivent pas, des plaques muqueuses de la bouche qu'elles considèrent comme de simples aphthes, les antécédents syphilitiques font-ils complétement défaut dans laplupart des cas. Il ne faut donc pas s'étonner si les syphilides circonscrites ont été souvent prises pour des scrofulides, ou pour des accidents de syphilis héréditaire.

Les syphilides circonscrites ne sont jamais précédées par les prodromes des syphilides généralisées. Elles affectent, en général, des lieux d'élection qui sont le plus souvent la face, le cuir chevelu, la nuque, les épaules, la paume des mains et la plante des pieds.

M. Bazin a divisé les syphilides circonscrites en deux grandes familles : les syphilides circonscrites résolutives et les syphilides circonscrites ulcéreuses. Se basant sur ses nombreuses observations, il admet que les syphilides ulcéreuses sont plus tardives que les syphilides résolutives.

DES SYPHILIDES CIRCONSCRITES RÉSOLUTIVES.

Les syphilides circonscrites ont une marche lente, elles se terminent par résolution, en laissant à leur suite des cicatrices indélébiles, mais peu profondes. Ordinairement pas de phénomènes prodromiques, quelquefois des maux de tête et des douleurs dans les endroits où doit se faire l'éruption. L'éruption se fait ordinairement pas groupes formés par la réunion de plusieurs éléments éruptifs. Le plus souvent, ces groupes affectent la forme circulaire plus ou moins complète. Erasmus Wilson a appelé syphilide corymbifère celle dont les éléments affectent, sans se confondre les uns avec les autres, la forme circulaire. Les éléments sont surtout séparés à la périphérie. La rougeur varie du cuivre jaune au cuivre rouge. Suivant M. Bazin, nous l'avons déjà signalé, la rougeur foncée dénote une tendance à l'ulcération.

M. Bazin distingue trois formes de syphilides circonscrites résolutives, qui sont :

1° La forme tuberculeuse,
2° La forme pustulo-crustacée,
3° La forme papulo-vésiculeuse.

La syphilide circonscrite tuberculeuse se présente sous la forme de boutons durs se revêtant de squames épidermiques et quelquefois de croûtes ; c'est surtout à cette forme de syphilide que se rapportent un grand nombre de cas désignés sous le nom de *corona veneris*. Les boutons sont plus ou moins confluents. Ils se terminent en général par desquamation et disparaissent en laissant une cicatrice légèrement déprimée.

On devra prendre garde de confondre la syphilide tuberculeuse circonscrite avec le lichen syphilitique modifié par un traitement mercuriel antérieur à son éruption. Dans le lichen, les papules ont des dimensions moins considérables, d'un rouge moins foncé, et elles disparaissent sans laisser à leur suite des cicatrices. Du reste, dans la syphilide tuberculeuse circonscrite, l'époque de l'accident primitif est beaucoup plus éloigné que pour le lichen syphilitique.

Dans la barbe, la syphilide tuberculeuse peut être confondue avec le sycosis parasitaire, d'autant plus qu'elle s'accompagne presque toujours de la chute des poils. A défaut de tout autre signe, la présence de poils cassés caractérise suffisamment le sycosis parasitaire. A la paume des mains et à la plante des pieds, la syphilide tuberculeuse circonscrite constitue une des variétés de la syphilide squameuse, suivant l'opinion de M. Bazin.

SYPHILIDE PUSTULO-CRUSTACÉE CIRCONSCRITE.

Cette syphilide est quelquefois bornée à une seule région, mais le plus souvent elle est constituée par plusieurs groupes éruptifs disséminés sur diverses régions du corps. L'élément éruptif est la pustule simple sans ulcération. Cette pustule est suivi d'une cicatrice superficielle. Elle peut se présenter, suivant M. Bazin, sous quatre formes différentes :

1° Forme de l'acné pustuleuse ou acné lenticulaire;
2° Forme de la miliaire blanche ou acné miliaire ;
3° Forme de pustules groupées ou cerclées (impétigo);
4° Forme de pustules phlyzaciées (ecthyma.)

Par ordre de fréquence, M. Bazin les range ainsi: impétigo, ecthyma, acné lenticulaire et acné miliaire.

L'impétigo syphilitique présente des différences notables avec l'impétigo ordinaire ; les croûtes sont plus solides, d'une couleur brun verdâtre, il cause peu de démangeaison, il disparaît en laissant à sa suite des cicatrices.

Dans l'acné syphilitique, les croûtes sont petites, généralement placées au niveau des poils, dont elles amènent la chute. L'ecthyma est constitué par de grosses pustules se recouvrant d'énormes croûtes entourées d'une auréole syphilitique.

La marche de la syphilide pustulo-crustacé circonscrite est plus rapide que celle de la syphilide tuberculeuse. Elle se termine invariablement par la production de cicatrices indélébiles superficielles.

SYPHILIDE PAPULO-VÉSICULEUSE CIRCONSCRITE.

Elle est caractérisée par des éléments papuleux réunis en groupes et surmontés de petites vésicules à existence éphémère qui laissent à leur suite une petite squame ou bien encore une petite croûte.

Les cas d'herpès et d'eczéma syphilitiques observés par les auteurs devaient, suivant M. Bazin, être rangés exclusivement dans la syphilide papulo-vésiculeuse circonscrite résolutive ; mais aujourd'hui, il admet un eczéma et au herpès syphilitique dont l'élément éruptif est une simple vésicule. Il admet trois formes de syphilide papulo-vésiculeuse :

1° La syphilide papulo-vésiculeuse cerclée ;
2° La syphilide papulo-vésiculeuse en corymbes ;
3° La syphilide papulo-vésiculeuse en groupes.

La première variété forme des anneaux complets ou incomplets formés par des éléments papuleux dont les bords se confondent. Il faut prendre garde de confondre cette variété avec certaines formes de plaques syphilitiques, et avec l'herpès circiné parasitaire. Du reste la distinction en est facile.

La syphilide papulo-vésiculeuse en corymbes est très-rare et a été signalée pour la première fois par Erasmus Wilson. Elle se présente sous la forme de larges plaques formées par des papules accolées les unes aux autres, d'un rouge sombre ; sur quelques-unes il est quelquefois possible d'observer des vésicules. Ces éléments papuleux sont confluents au centre, distincts à la periphérie.

La syphilide papulo-vésiculeuse en groupes est une syphilide qui a été décrite sous le nom d'eczéma syphilitique par un grand nombre d'auteurs. M. Bazin refuse de lui donner le nom d'eczéma à cause de son élément papuleux.

La syphilide papulo-vésiculeuse est de toutes les syphilides circonscrites la moins grave.

DES SYPHILIDES CIRCONSCRITES ULCÉREUSES.

Les syphilides circonscrites ulcéreuses sont les plus tardives de toutes les manifestations cutanées de la syphilis. Elles apparaissent quelquefois au bout de vingt ans et plus après l'accident primitif. Il est vrai que dans la plupart des cas, elles apparaissent au bout de trois ou quatre ans seulement.

Ces syphilides sont caractérisées par l'ulcération consécutive des éléments éruptifs variables, tels que tubercule, pustule, gomme. Les ulcères laissent après eux des cicatrices profondes. La marche de ces syphilides ulcéreuses est plus rapide que celle des syphilides résolutives. Les syphilides ulcéreuses ont peu de tendance à la guérison spontanée. M. Bazin admet trois variétés d'ulcères syphilitiques, ceux qui affectent la partie superficielle du derme, ceux qui frappent la partie moyenne, et enfin ceux dans lesquels la partie profonde et même la couche cellulaire sous-cutanée sont atteintes. A ces variétés correspondent trois formes de cicatrices : cicatrices régulières et superficielles, cicatrices irrégulières, cicatrices régulières et profondes.

Les syphilides ulcéreuses débutent comme les syphilides résolutives par des éléments éruptifs qui tout d'abord ne s'ulcèrent pas, mais chez lesquels l'ulcération survient rapidement. L'ulcère une fois formé présente un fond grisâtre, comme recouvert d'une pseudo-membrane; les bords de l'ulcère sont plus ou moins élevés, taillés à pic. Les ulcères suppurent assez abondamment, moins cependant que les ulcères scrofuleux. Le pus, au lieu d'être séreux et grumeleux comme dans les ulcères scrofuleux, est au contraire bien homogène; mais il présente une couleur spéciale que l'on pourrait rapprocher de la couleur gris de fer ou bien encore de la nuance des perles. Il est excessivement plastique et forme des croûtes énormes. Ces croûtes sont rugueuses, en forme d'écaille d'huître; dans certains cas, elles paraisent stratifiées. Elles présentent une couleur brune-verdâtre tellement caractéristique qu'elle suffit dans la plupart des cas pour faire distinguer une syphilide ulcéreuse d'un ulcère scrofuleux à défaut d'autre caractère. Les croûtes au niveau des ulcères étant continuellement imbibées par le pus sont relativement molles; au contraire, à la périphérie elles prennent une dureté vitreuse. Lorsque l'on presse sur ces croûtes, on fait généralement sourdre quelques gouttelettes de pus.

Lorsque l'ulcère guérit, la cicatrisation se fait par la formation de très-petits bourgeons charnus auxquels succèdent des cicatrices, brunes d'abord, puis complétement blanches et lisses. Ces cicatrices sont généralement déprimées, lisses ; elles ne sont pas vascularisées comme les cicatrices scrofuleuses ou les cicatrices de brûlures; de plus, il est excessivement rare qu'elles présentent des brides cicatricielles. On a signalé, comme très rare, il est vrai, la formation après certains ulcères syphilitiques de cicatrices kéloïdiennes.

Les syphilides ulcéreuses sont généralement en groupes. Elles peuvent affecter toutes les parties du corps, mais c'est à la face qu'on les rencontre le plus souvent. A la face, elles s'accompagnent généralement de lésions syphilitiques des cartilages et des os sous-cutanés. Elles coïncident souvent avec des accidents syphilitiques viscéraux.

La marche progressive des ulcères s'exécute suivant trois types bien différents. L'ulcère marche en surface, ulcère phagédénique; l'ulcère s'accroît en profondeur, ulcère rongeant; il s'accroît en profondeur et en surface, ulcère vorace.

Les syphilides circonscrites ulcéreuses sont, en général, d'un diagnostic facile; cependant, il est certains cas où le diagnostic est tellement obscur, que les praticiens les plus exercés sont obligés, pour reconnaître la nature de l'affection, d'observer comment elle se comporte sous l'influence d'un traitement approprié. En effet, les ulcères syphilitiques peuvent être confondus avec ceux de la scrofule, de la lèpre, du cancer, de l'épithéliome et du mycosis fongoïde.

M. Bazin divise les syphilides circonscrites ulcéreuses en trois formes :

1° La syphilide tuberculo-ulcéreuse,

2° La syphilide pustulo-ulcéreuse,

3° La syphilide gommeuse (hydrosadénite syphilitique).

SYPHILIDE TUBERCULO-ULCÉREUSE CIRCONSCRITE.

(Lupus syphilitique.)

La syphilide tuberculo-ulcéreuse circonscrite forme une des espèces de syphilide les plus naturelles. Elle présente une marche et un aspect qui la rapprochent tellement du lupus scrofuleux, que l'on confond souvent ces deux affections, même après un examen attentif. En effet, ces deux affections présentent les mêmes variétés : lupus non ulcéreux et lupus ulcéreux; un même développement en surface ou en profondeur. Dans les deux cas, il y a destruction des cartilages et des os sous-jacents. Elles affectent les mêmes lieux de prédilection, le nez, la lèvre supérieure, les joues. C'est par l'examen des croûtes, du pus, de la coloration des surfaces tuberculeuses, de la marche de l'affection, des antécédents des malades que l'on parvient ordinairement à poser le diagnostic; diagnostic qui, dans certains cas trop fréquents, n'est éclairé quelquefois que par le succès du traitement institué.

Le lupus syphilitique est caractérisé par la formation de tubercules offrant une coloration rouge cuivré, tendant à l'ulcération le plus souvent; dans tous les cas, se recouvrant de croûtes, sur l'aspect desquelles nous reviendrons tout à l'heure, et s'accompagnant fréquemment de la destruction des cartilages et des os sous-jacents. Il présente deux variétés : le lupus non ulcéreux et le lupus ulcéreux. Ces deux variétés présentent aussi deux formes. Tantôt les tubercules sont confluents ou en plaques, tantôt, au contraire, ils sont plus ou moins isolés et se présentent sous la forme de petites tumeurs arrondies à base large.

Le début de l'affection ne présente pas de phénomènes généraux prodomiques. Lorsque les tubercules ont pris un certain volume, ils se recouvrent d'abord de squames, puis de croûtes épaisses. Dans le lupus ulcéreux, l'ulcération se fait lentement, le fond de l'ulcère est grisâtre, sale, paraît être recouvert d'une fausse membrane. Les croûtes qui recouvrent l'ulcère sont volumineuses, présentent une coloration jaune verdâtre et noirâtre tout à fait caractéristique; elles sont molles au niveau de l'ulcère, mais à la périphéric elles prennent une consistance très-dure, elles ont une cassure presque vitrée. Lorsque l'on presse sur les croûtes, on fait sourdre du pus à coloration gris de fer, se concrétant rapidement. Dans le lupus syphilitique, la destruction des os et des cartilages du nez est plus précoce que dans le lupus scrofuleux. Le lupus ulcéreux présente frois formes quant à la marche de l'ulcération : ulcération en profondeur, ulcération en surface et ulcération en surface et en profondeur. La marche du lupus syphilitique, quoique très-lente, est plus rapide que celle du lupus scrofuleux.

Si l'on ne combat pas le lupus syphilitique par un traitement approprié, sa durée est longue de deux à trois ans environ. Dans les deux cas de lupus, ulcéreux et non ulcéreux, il y a production de tissu cicatriciel. Dans le lupus non ulcéreux, la cicatrice est blanche, lisse ou très-peu gaufrée, légèrement déprimée ; dans le lupus ulcéreux, les cicatrices présentent le même aspect, mais la dépression est bien plus marquée.

Le diagnostic du lupus syphilitique et du lupus scrofuleux est très-difficile. Il importe donc d'insister sur les caractères qui peuvent les différencier. Nous croyons utile d'établir ici un parallèle entre les caractères de ces deux affections.

Lupus syphilitique.	*Lupus scrofuleux.*
Couleur rouge cuivré.	Couleur ocreuse.
Croûtes d'un jaune verdâtre et noirâtre.	Croûtes melliformes, se rapprochant de celles de l'impetigo.
Pus présentant une coloration gris de fer, très-concrescible.	Pus séreux, mal lié, très-peu plastique.
Destruction des os et des cartilages très-rapide.	Plus tardive.
Cicatrices blanches, lisses, non vascularisées.	Cicatrices vascularisées offrant le plus souvent des brides cicatricielles très-marquées.
Marche relativement rapide.	Marche beaucoup lente.

SYPHILIDE PUSTULO-ULCÉREUSE CIRCONSCRITE.

Comme forme des éléments éruptifs, on retrouve, dans la syphilide pustulo-ulcéreuse circonscrite, les mêmes pustules que l'on trouve dans les syphilides résolutives, impétigo, rupia, ecthyma. Souvent, chez un même malade, ces éléments éruptifs sont confondus. D'après le groupement des éléments éruptifs et la marche de l'ulcération, M. Bazin divise la syphilide pustulo-ulcéreuse en trois variétés :

1° La syphilide pustulo-ulcéreuse éparse,
2° La syphilide pustulo-ulcéreuse groupée,
3° La syphilide pustulo-ulcéreuse serpigineuse.

La marche de cette syphilide est chronique. Sa durée est longue, surtout dans la variété serpigineuse. On confond assez facilement l'ecthyma et le rupia syphilitiques avec l'ecthyma et le rupia scrofuleux. Voici quels sont les caractères principaux qui distinguent ces deux genres d'affections. Dans l'ecthyma et le rupia syphilitiques, l'auréole est rouge chair de jambon. Les croûtes sont d'un brun verdâtre; le pus est grisâtre et bien lié, très-concrescible; les ulcères sont taillés à pic; les ganglions lymphatiques sont rarement engorgés; les cicatrices sont à surface plane et blanche. Dans l'ecthyma et le rupia scrofuleux, les croûtes sont molles, jaunes ou noires; l'auréole inflammatoire est d'un rouge bleuâtre et dans quelques cas ocreux; le pus est séreux et granuleux, peu concrescible; les ulcères sont à bords décollés; les ganglions sont presque généralement engorgés; les cicatrices présentent des brides, des taches rosées et sont ordinairement vascularisées.

SYPHILIDE GOMMEUSE.

(Hydrosadénite syphilique.)

La syphilide gommeuse, considérée comme produite par des gommes se développant dans le tissu cellulaire sous-cutané, sort du cadre ordinaire des syphilides; mais M. Bazin l'y fait rentrer en lui donnant pour siége anatomique les glandes sudoripares. C'est pourquoi cet auteur donne à la syphilide gommeuse superficielle le nom d'hydrosadénite syphilitique.

Elle est constituée par le développement de petites tumeurs arrondies, dures, indolentes, d'abord mobiles, puis s'immobilisant en augmentant de volume. Les tumeurs se ramollissent, la peau se perfore en livrant passage au contenu de ces tumeurs. M. Bazin distingue trois formes de syphilide gommeuse, suivant le mode de groupement : la forme éparse, la forme en groupes et la forme serpigineuse. La nombre des gommes peut varier de une à cent ou cent cinquante. On les rencontre principalement sur le côté externe des membres, sur la partie inférieure des jambes, sur le crâne, sur les épaules, dans l'aisselle, etc.

Lorsque les tumeurs sont ouvertes, la peau est perforée comme à l'emporte-pièce et présente la coloration syphilitique. L'ulcération produite est fistuleuse, le plus souvent à trajets multiples qui aboutissent dans de petits cloaques diversement étagés. Le pus qui en découle est sanieux, excessivement plastique. Au bout d'un certain temps, le fond de l'ulcère s'élève en remplissant les cavités des tumeurs gommeuses, les croûtes se détachent et il se produit une cicatrice le plus souvent nummulaire, lisse, blanchâtre et fortement déprimée.

On peut confondre l'hydrosadénite syphilitique avec l'hydrosadénite scrofuleuse. Voici quels sont leurs caractères différentiels.

Hydrosadénite syphilitique.	*Hydrosadénite scrofuleuse.*
Période d'induration plus longue.	Période d'induration moins longue.
Suppuration successive des gommes.	Suppuration simultanée.
Peau indurée, trajet fistuleux à pic.	Peau amincie, décollée.
Pus sanieux très-plastique.	Pus séreux, grumeleux.
Auréole rouge cuivrée.	Auréole bleuâtre.
Cicatrisation rapide.	Cicatrisation lente.

L'adénite scrofuleuse se présente ordinairement avec des caractères trop nets, trop tranchés pour que l'on puisse la confondre avec la syphilide gommeuse.

M. Bazin s'appuie sur les ressemblances de la marche de la syphilide gommeuse sous-cutanée et de la marche de l'hydrosadénite phlegmoneuse décrite par M. le professeur Verneuil pour admettre l'identité de siége anatomique entre ces deux affections.

TABLE DES MATIÈRES

Paris. A. PARENT, imprimeur de la Faculté de Médecine, rue Mr-le-Prince, 31.

Paris. A. PARENT, imprimeur de la Faculté de Médecine, rue Mr-le-Prince, 31.

www.ingramcontent.com/pod-product-compliance
Ingram Content Group UK Ltd.
Pitfield, Milton Keynes, MK11 3LW, UK
UKHW012248240726
13966UKWH00004B/1346

9 782011 900081